這本書的小主人 _____

小小光線設計師
快樂露營去

編者的話

蘋果公司的創辦人史蒂夫·賈伯斯（**Steve Jobs**）曾說：**"Stay hungry. Stay foolish.**（求知若飢，虛心若愚。）**"** 在這個科技日新月異的時代，要培養孩子適應快速變動的環境，成為不斷自我充實的學習者，最新的教育素養──STEAM 教育（科學、技術、工程、藝術、數學）應運而生。

STEAM 教育除了鼓勵跨領域學習外，更重視引導孩子建立邏輯思維，鍛鍊出運用所學、所知於日常生活的能力。而在這個時代，資訊科技便是孩子觀察世界、思索疑問的好工具。因此，本系列產品從生活化的故事場景展開，旨在陪伴孩子探索身旁的多元資訊，進而學習透過自身的觀察，對目標提出合理假設，最終運用電腦編程來驗證假設、實踐目標。

如同〈快樂露營去〉故事中的小波和莉莉，最初兄妹倆認為露營是件苦差事，但在發覺自然環境中的光之美，以及偶遇黑熊的嶄新體驗後，不僅學到了與所見所聞相符的知識，更愛上露營，甚至渴望在電腦編程的協助下重建露營場景，將美好的回憶分享給機器人派奇。帶給孩子「從探索中反思，從實做中學習」的成長歷程，即是我們編撰的目標。

【**AI** 科學玩創意】運用可愛、有趣的元素，展現深入淺出的生活科學原理；以嚴謹但不嚴肅的基調，引導孩子在日常生活中建構條理分明的電腦邏輯思維，讓小讀者們在舒適的閱讀過程中汲取新知、親手編程，厚植邁向 **AI** 新時代的關鍵「資訊力」。

特色

故事為中心，讓知識融入生活

以小波一家人的登場為開頭，藉由孩子天真發問的口吻，點出生活現象背後隱含的知識與原理。在引導小讀者進行邏輯思考的同時，更能和自身生活環境結合，增加自主學習的熱情，培養見微知著的觀察力。

循序漸進的說明方式，包羅萬象的內容呈現

書中透過小波和莉莉對生活環境的觀察，進一步延伸到文化與科技上的應用、思考，讓小讀者能從熟悉的生活經驗出發，在閱讀過程中一步步拓展、發掘未知的學習領域，領略知識與科技的美好。

跨領域多元學習，培養多重能力

本產品以國際風行的「**STEAM**」教育為核心，內容結合自然科學、資訊科學、數學、藝術、語言、文化、道德等多元素養，幫助孩子建立跨領域思維，訓練邏輯思考、閱讀及理解能力。

目錄

人物介紹

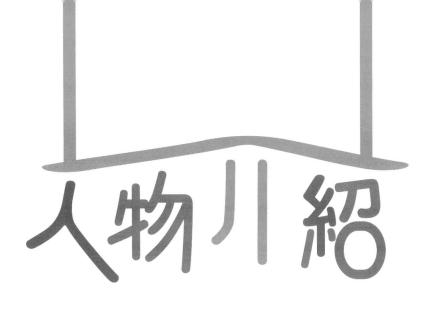

小波

7 歲的小男孩，
喜歡科學、充滿好奇心。

媽媽

學校教師，年齡約 40 左右，
個性細心、平易近人。

爸爸

學校教師，年齡約 40 左右，
個性溫文爾雅、有耐心。

派奇

很聰明的機器人，
可以和人類對話。

莉莉

4 歲的小女孩，
活潑可愛。

快樂露營去

春天又來到了 AI 市，連續幾天都是暖洋洋的好天氣。

正好遇到難得的假日，小波一家人起了個大早，開車前往郊外露營。等他們抵達露營區時，時間已經接近中午了。

小波說：「我好餓喔！可以吃午餐了嗎？」

媽媽拍拍他的頭，說：「在吃午餐前，還有很多事要先做呢！我們大家都要先忍耐一下喔……」

「我們要先做什麼事呢？」莉莉問。

爸爸回答：「得先打掃、紮營，還要把行李從車上拿出來放好才行呀！」

「這麼多啊？露營好辛苦喔！」小波和莉莉聽了，忍不住開始唉聲嘆氣。

「還不只呢！我們還要……」正當爸爸要繼續說下去時，大家的肚子都發出了好大的「咕嚕」聲。

媽媽不禁笑了起來，說：「我看，大家還是先在車上吃點東西補充體力，再開始工作吧！」

　　午餐吃飽後，小波元氣滿滿地伸展著手腳，高聲說道：「現在，不管要做什麼工作，我都可以幫忙囉！」

　　於是大家同心協力搭好帳篷，並將營地準備妥當。不知不覺間，太陽已經跑到山的後頭，染紅了西邊的天空。

　　爸爸說：「小波、莉莉，我們一起去撿柴火，等等就能升火烤肉囉！」

　　「那麼，我就負責準備烤肉用具和材料。你們可別太晚回來喔！」媽媽說。

「好！」小波三人說完，便一起走進旁邊的樹林，開始撿地上的枯枝。

他們專心地撿啊撿，直到美麗的月亮悄悄出現在天空。

莉莉說：「哇！月亮好圓、好亮！」

「月亮為什麼會發光呢？」小波問。

爸爸回答：「月亮自己不會發光，它的光芒是反射太陽光而來的。剩下的

邊說吧！媽媽還在等我們呢！」

為什麼我們能看到月亮呢？

白天有陽光照亮大地，晚上則有溫柔的月光照亮夜空。其實，月亮本身並不會發光，我們看到的月光，是月球受到太陽的照射後，反射出來的亮光。

月亮的面目：月相

我們知道，地球不斷自轉，形成一天 24 小時的晝夜變化，同時也在繞著太陽公轉（一年約 365 天 6 小時）。

月球也很類似，在自轉的同時也繞著地球公轉。當月球在公轉軌道上運行時，和地球的相對位置不斷改變，對地球上的人而言，月球亮處的形狀也就跟著不斷變化──有時又大又圓；有時細細、彎彎；有時甚至看不見──這就是每個月的「月相」變化。

除此之外，地球上位於南半球和北半球的人，因為所在位置不同，在同一時間看到的月亮也有所不同。例如，同樣是上弦月，北半球看見的亮側在右邊，南半球則偏左邊。

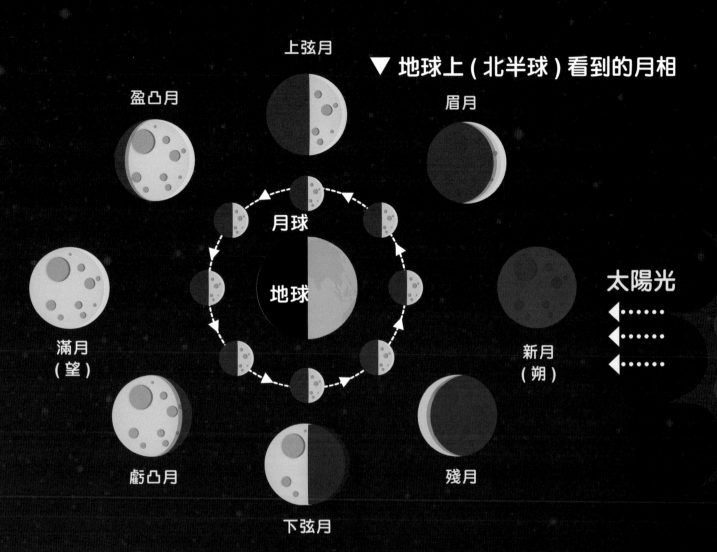

上弦月

盈凸月

眉月

▼ 地球上（北半球）看到的月相

月球

地球

太陽光

滿月（望）

新月（朔）

虧凸月

下弦月

殘月

月亮知多少？

名　　稱：月球

其他名稱：月亮、月娘、太陰、玉蟾、嬋娟……

大　　小：約 0.02 個地球大

重　　力：約地球的 1/6

公轉週期：約 27 天 7 小時（恆星月）

自轉週期：月球自轉的週期和公轉同步，所以月球永遠以同一面對著地球喔！

地球

小波和莉莉一回到營地，立刻開始幫忙升火、烤肉。晚餐很快就準備好了，一家人便圍著營火享用香噴噴的烤肉。

　　爸爸提醒大家：「小心別太靠近營火，免得發生意外哦！」

　　這時，小波發現不遠處的樹林中，有一雙亮晶晶的眼睛注視著他們，於是拿出手電筒朝草叢照射——

　　「是一隻小黑熊！」媽媽輕聲說，「大家冷靜，動作放輕，千萬別喊叫、亂跑。熊媽媽說不定就在附近找牠，我們先慢慢地倒退幾步遠離小黑熊。」

臺灣黑熊

臺灣黑熊是臺灣特有的亞洲黑熊亞種，是臺灣最大的陸生動物，身高可達 1.5 ～ 1.8 公尺左右。牠們胸前有一個可愛的 V 形白色斑紋，主要生活在中央山脈高度 1000 公尺～ 2500 公尺山區。

由於棲地遭到破壞和人為活動的干擾，臺灣黑熊從 1989 年開始被列為瀕臨絕種的動物。加上牠們在發現人類後通常會主動迴避，因此很難掌握臺灣黑熊族群的具體數量，但目前全臺灣可能不超過 600 隻。

一般來說， 在野外遇到臺灣黑熊的機會很小。萬一遇到時，切記不能靠近、餵食或背對熊，也不能尖叫、奔跑或做出劇烈動作。應該緩緩退開，等確定安全之後，再通報相關單位，協助研究臺灣黑熊的行蹤。

到野外進行露營等活動時，除了遵循安全守則（收好食物、不偏離路線等），避免與熊接觸之外，也要妥善整理環境，才不會危害到臺灣黑熊的生存環境喔！

辛好，小黑熊只是東看看、西看看，很快就離開了，大家這才鬆了一口氣。
晚餐結束後，爸爸關掉手電筒，只留下燃燒的營火，全家人一起躺在草地上，
仰望美麗的星空。

莉莉忍不住讚嘆：「哇！天上的星星好美，它們在閃閃發光耶！」

小波問：「星星為什麼會發光呢？」

媽媽說：「我們看到的星星主要可以分成兩種，會自己發光發熱的恆星，例如太陽；還有其他不會自己發光，但能夠反射恆星光芒的星體，例如太陽系裡的八大行星。」

「原來太陽也是一種星星呀！」小波恍然大悟地說。

浩瀚的宇宙

　　浩瀚的星空總是無比吸引人的目光，小朋友，你有沒有想過，星星為什麼會發光呢？還有，除了星星、月亮，夜空中還有什麼神奇的東西呢？

　　宇宙中存在著各種大小、結構、特性不同的事物。舉例來說，像是恆星、行星、衛星、彗星、小行星、星雲、星團、星系……這些東西通稱為「天體」。

月球

太陽　　　　　水星　　　　　金星　　　　　地球　　　　　火星

恆星、行星、衛星

　　恆星如我們熟知的太陽，會自行發光發熱；行星是環繞著恆星公轉、自轉的星體。太陽系中有八大行星，而我們居住的地球是距離太陽第三遠的行星；衛星則比行星小，繞著行星公轉，就像月球。

木星　　　　　　　土星　　　　　　天王星　　　　海王星

科學放大鏡

亮麗的星空

一閃一閃亮晶晶

我們平常說的「星星」，多半是指一顆顆的恆星，就跟太陽一樣會發光、發熱。為了更容易辨識夜空中的星星，古人便依據連線形狀、神話傳說等等，將星星劃分成一組一組，逐漸形成了所謂的「星座」。

但是，在不同的文化中，人們把星星分類成星座的方式不一定相同，幫星座取的名稱也可能不一樣。

因此為了避免混亂，現代天文學的星座分類，便以 1930 年國際天文學聯合會（IAU）的規定為標準，將夜空中的星星分成 88 個星座，例如：大熊座、小熊座、天鵝座、天琴座、仙后座、獵戶座等等，其中也包含了我們最耳熟能詳的 12 星座。

天琴座

小熊座

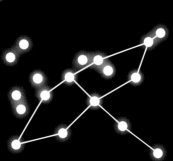

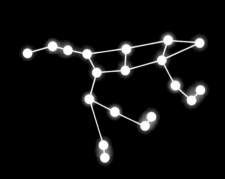
大熊座

彗星

彗星是一種由岩石、灰塵和冰等成分構成的特殊星體，結構有大有小。

有些彗星會週期性地出現在地球附近，使我們有機會能觀測到它，例如著名的哈雷彗星，每 76 年就能夠看見一次。

獵戶座

星座在哪裡？

觀星是一件有趣的事，但要正確地在夜空中找出想看的星座，需要許多練習才能做到。因為地球自轉的緣故，天上的星座也會像太陽、月亮一樣「東升西落」。除此之外，我們所看到的星座，也會因為觀察地點、季節、方位、仰角等差異而有所不同。

我們可以先從辨識星座開始，再接著使用星座盤、望遠鏡等輔助工具來練習觀星。

仙后座

一家人看著星空，正開心地合唱著：「一閃一閃亮晶晶」，突然，莉莉注意到草叢中也有東西發出一閃一閃的光芒，她興奮地說：「快看！草叢裡也有星星！」

　　爸爸說：「那是螢火蟲喔！很漂亮吧？」

　　莉莉問：「螢火蟲也是昆蟲嗎？它們為什麼會發光呢？」

　　「牠們是一種很喜歡乾淨環境的奇妙昆蟲，還會用光線來交朋友喔！」爸爸回答。

螢火蟲不見了

螢火蟲腹部末端會發光，讓牠們能利用不同的光線訊號來找尋伴侶。

牠們喜歡生活在河岸、池塘邊等濕潤、草木茂盛的乾淨環境中，多數的品種都在白天休息，夜晚才會出來活動。

因為點點螢光看上去如夢似幻，觀賞螢火蟲一直是種熱門的觀光活動。但是，由於生存環境遭到破壞，螢火蟲的數量正在大量減少。

我們都應該從自身做起，保護生態環境，維持乾淨的水源，避免製造光害，還螢火蟲一個安全的家園。

為了避免打擾螢火蟲，大家撲滅營火，回到帳篷裡觀察牠們自由飛舞。

淡綠色的光點緩緩亮起又緩緩暗去，莉莉看著看著，忍不住打起哈欠。

媽媽說：「時間不早了，該睡覺囉！」

「露營真有趣，我還想再來看螢火蟲！」小波說。

爸爸一口答應：「好呀！不過，現在要先跟螢火蟲說晚安囉！」

「螢火蟲，晚安！」小波和莉莉輕聲說，閉上眼睛進入美好的夢鄉。

隔天回到家之後，兄妹倆都搶著告訴派奇露營發生的事。

小波說：「露營好有趣喔！我是第一次升營火耶！」

莉莉也說：「還有星星和螢火蟲！派奇，我真希望你有跟我們一起去！」

「聽起來真棒！」派奇說：「不過我怕濕，遇到下雨可能會故障，所以還是在家比較安全。」

小波靈機一動，提議道：「莉莉，我們做一個露營的場景給派奇看好不好？」

莉莉立刻同意：「好呀！不過，發光的星星、螢火蟲和營火該怎麼做呢？」

派奇說：「我知道！用燈光來代表就可以囉！」

「太好了，那我們馬上開始做吧！」小波和莉莉開心地說。

趣味實作：重溫露營

電子教具明細

AAA 電池 x4
（需自備）

小拍

電池盒

LED 燈 x10

連接線 5cm x2

連接線 10cm x3

連接線 20cm x5

電子教具安裝步驟

❶

將 4 顆電池按照正、負極，
放進電池盒裡。

❷

依照插頭方向，將電池盒上的電
線接到小拍的 02 槽。

❸

開啟電腦藍牙，並搜尋和小拍
符合的號碼，確認電腦和小拍
是否成功連線。

24

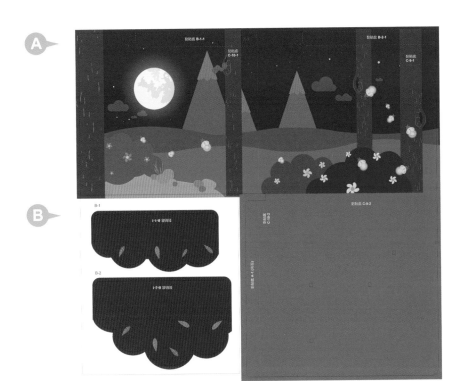

- Ⓐ A - 1　布景卡
- Ⓑ B - 1　樹叢
- 　　B - 2　樹叢
- Ⓒ C - 1　火焰
- 　　C - 2　火焰
- 　　C - 3　木柴底座
- 　　C - 4　帳篷
- 　　C - 5　草叢
- 　　C - 6　木柴底座
- 　　C - 7　小波、莉莉
- 　　C - 8　木柴底座
- 　　C - 9　草叢、樹幹
- 　　C - 10　樹幹
- 　　C - 11　爸爸
- Ⓓ D -　收藏夾
- Ⓔ E -　魔鬼氈

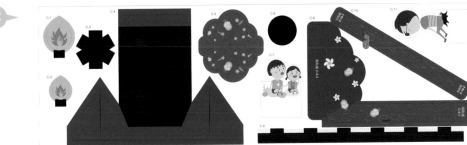

25

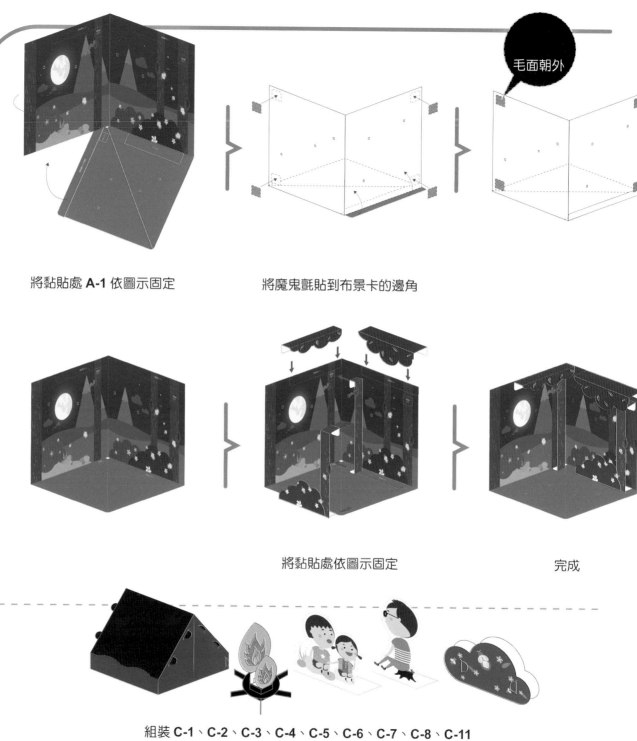

毛面朝外

將黏貼處 **A-1** 依圖示固定

將魔鬼氈貼到布景卡的邊角

將黏貼處依圖示固定

完成

組裝 **C-1**、**C-2**、**C-3**、**C-4**、**C-5**、**C-6**、**C-7**、**C-8**、**C-11**

光滑面

凹凸面

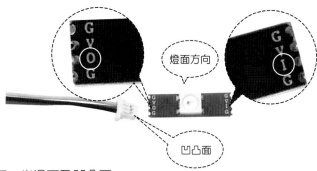

燈面方向

凹凸面

連接 LED 燈與手作教具安裝步驟

◆ 每一條連接線有兩端,每一端的插頭有兩面:光滑面及凹凸面。

◆ 凹凸面及燈面方向須朝同一側。

◆ 連接 LED 燈時,連接線從 I 端(Input)接入,由 O 端(Output)接出,再接入下一個 LED 燈的
I 端,以此類推。

組裝順序:

依照下面順序,將 LED 燈與連接線全部組裝起
來,並用紙膠帶固定,最後連接小拍與電池盒。

● :LED 燈 ⟶ :連接線

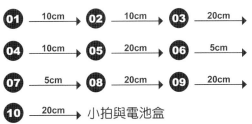

01 ──10cm→ 02 ──10cm→ 03 ──20cm→

04 ──10cm→ 05 ──20cm→ 06 ──5cm→

07 ──5cm→ 08 ──20cm→ 09 ──20cm→

10 ──20cm→ 小拍與電池盒

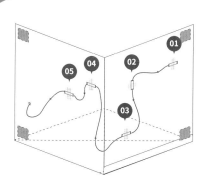

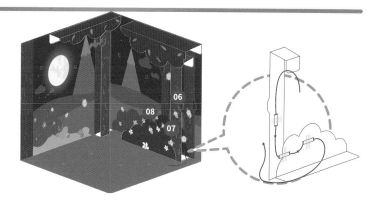

將連接好的 **01~05LED** 燈，
依照順序放進孔洞中，並用紙膠帶固定。

將連接好的 **06~08LED** 燈，
依照順序放進孔洞中，並用紙膠帶固定。

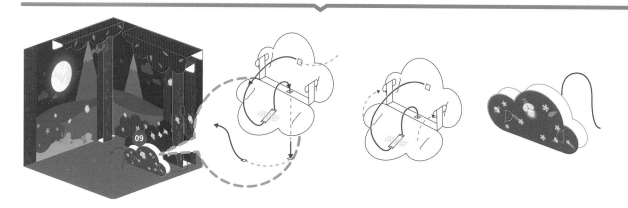

將連接好的 **09LED** 燈，依照箭頭指示方向穿進孔洞裡，並用紙膠帶固定。

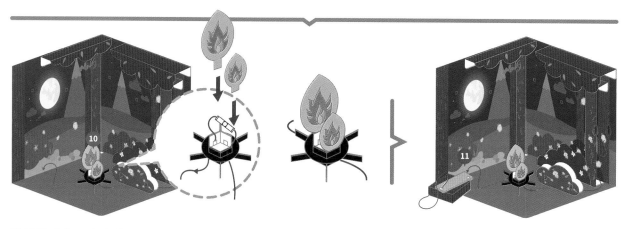

依照箭頭指示方向將 **10LED** 燈組裝好，並用紙膠帶固定。

放上 **C-4**、**C-7**、**C-11**

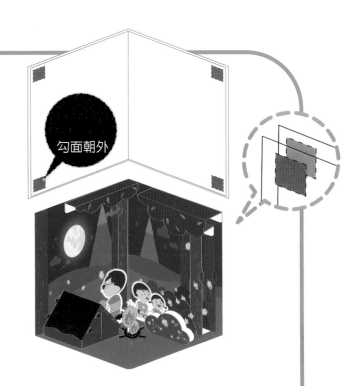

勾面朝外

組裝完成

帳篷、營火、螢火蟲、星星，還有爸爸喜歡坐的大木頭……YA！完成！派奇，快看！我們昨天露營的地方，長得就像這個樣子喔！

真美！如果是在你們用紙做的露營區裡面，那我就不用怕濕，可以放心參加露營、欣賞美景了！

哥哥！我把電腦拿來了！剛剛派奇說要用的 PyCode 程式，我也請爸爸、媽媽幫忙準備好了！

太好了，我們先從營火開始吧！營火是怎麼發光的呢？

我看到火焰有很多顏色，橘、紅、黃……不斷變化！所以，燈光應該要快速變化不同顏色！

咦？我覺得營火是紅色的，只是有時候火比較大，有時候比較小……燈光只要用紅色，一下亮、一下暗就好了！

原來相同的營火，給人的感受卻不一樣呢！這樣的話，我們就需要不同的演算法了！

派奇，什麼是「演算法」呢？

完成任務的步驟 演算法

對我來說，演算法就是該怎麼完成一個任務的方法、步驟和過程，也就是我的思考方式喔！舉例來說……

不管是在學校上課時，自然老師教我們操作的實驗，或是書籍上寫的科學實驗，通常都有固定的步驟。想想看，這些步驟，一開始是怎麼來的呢？

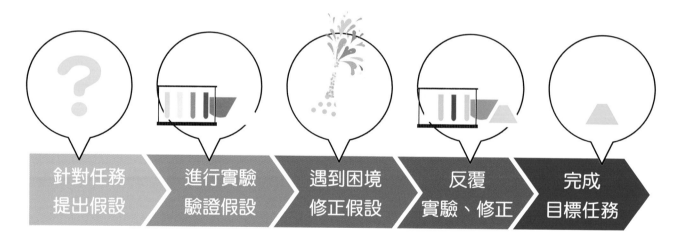

| 針對任務
提出假設 | 進行實驗
驗證假設 | 遇到困境
修正假設 | 反覆
實驗、修正 | 完成
目標任務 |

只要按照前人總結出的步驟做，我們就可以得到相同結果。不過，要完成一個任務並不是只有一種方法，不同的步驟也可能完成任務，甚至做出更好的效果。這些方法、步驟，都算是一種「演算法」。

當我們面對一個任務時，可以先進行預測，提出自己的演算法假設。接著，再進行實驗來驗證演算法的效果，不斷修正直到完成想要的結果為止。

以現在的情況來說，小波和莉莉的任務，就是「用燈光做出營火的效果」。雖然兄妹倆對營火的看法不一樣，想到的燈光效果和步驟也不相同，但是只要能做出自己想要的效果，都算是成功的演算法喔！

不過，要怎麼用演算法來點亮燈光呢？這時就輪到「小拍」登場囉！

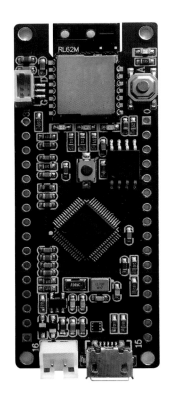

派奇的大腦：主機板小拍

派奇的身體裡有一個「主機板」，名稱是「小拍」。它就像派奇的大腦一樣，負責協助派奇理解人類說的話、主導派奇的運作和行動，並且完成接收到的指令。

小拍身上有許多電子元件，各有不同的功能；它也能透過連接線，額外接上 **LED** 燈。只要我們使用小拍能理解的方式和它溝通，就能讓它依照我們的演算法做出各式各樣的燈光效果。

想要和小拍溝通，就需要使用一種叫做「**PyCode**」的程式語言。

PyCode

一起來 PyCode！

小朋友，當我們想讓電腦執行指令，就要使用電腦能夠理解的語言——也就是「程式語言」——把自己構思完成的演算法輸入進去。世界上有許多不同的程式語言，各自有著不同的規則和作用。

現在，讓我們和小波、莉莉一起向派奇學習，小拍能夠理解的「**PyCode**」應該怎麼使用吧！

PyCode 是什麼？

PyCode 是基於 **Google** 開發的 **Blockly** 為孩子量身打造的程式編寫工具，也是一種視覺化的程式語言（**Visual Programming Language**，簡稱為 **VPL**）。

PyCode 用色彩繽紛的方塊對應 **Python** 語法，能讓孩子在拼接方塊、做出程式效果的同時，建立對 **Python** 的啟蒙基礎，輕鬆開啟和電腦的對話。

了解 **PyCode** 的背景之後，就可以開啟 **PyCode** 程式，準備開始編程囉！首先，我們要先認識 **PyCode** 程式的介面有哪些按鈕，還有它們有什麼功能！

認識 PyCode 介面

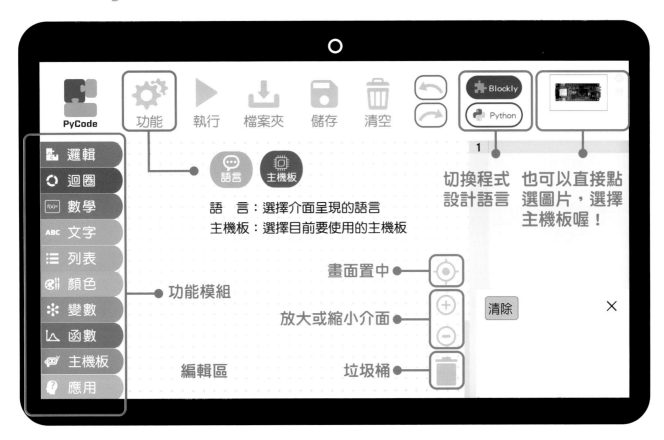

切換程式 設計語言

也可以直接點 選圖片，選擇 主機板喔！

語　言：選擇介面呈現的語言
主機板：選擇目前要使用的主機板

功能模組

畫面置中

放大或縮小介面

清除

編輯區

垃圾桶

圖示說明：

功能

延伸功能

執行

程式完成
後，使用者
必須按下這
個按鈕才會
開始運作

檔案夾

開啟先前儲
存的檔案

儲存

儲存檔案

清空

一次清除所
有在編輯區
的程式

回到上一個
步驟

回到下一個
步驟

認識 PyCode 指令
彩色燈、等待、迴圈、亮度

想用燈光做出小波、莉莉想要的營火效果，首先要學會開燈、關燈的方法！

PyCode 程式畫面左方有許多色彩繽紛的按鈕，稱為「功能模組」，每個按鈕都是一個分類，裡面有各式各樣的指令方塊，能用來和小拍溝通。

試著點選 🐷 主機板 ，從裡面的 💡 LED燈 分類中找到和圖示相同的方塊之後，將它們拉到畫面右側空白的「編輯區」。

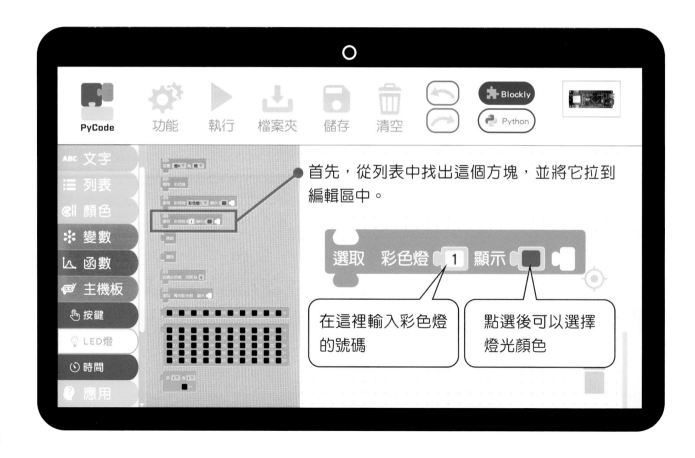

首先，從列表中找出這個方塊，並將它拉到編輯區中。

選取　彩色燈　1　顯示

在這裡輸入彩色燈的號碼

點選後可以選擇燈光顏色

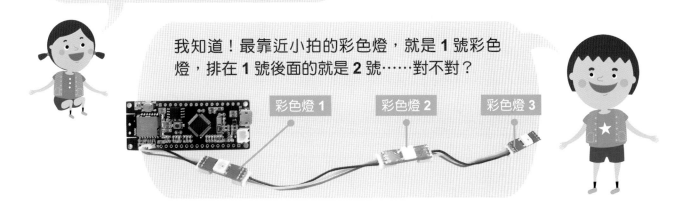

派奇，要怎麼知道彩色燈的號碼呢？

我知道！最靠近小拍的彩色燈，就是 1 號彩色燈，排在 1 號後面的就是 2 號……對不對？

彩色燈 1　　彩色燈 2　　彩色燈 3

小波說的完全正確！小拍最多可以接到 **64** 號彩色燈。

將彩色燈的號碼和顏色都設定完成後，接著就要來決定「開啟」還是「關閉」。我們可以從剛剛的列表中找到這兩個小方塊：

開啟　　關閉

把「開啟」的方塊，放進彩色燈方塊右邊的方框中，就能讓小拍知道，我們想要點亮這個彩色燈；相對地，如果放入「關閉」方塊，小拍就會熄滅這個燈。舉例來說：

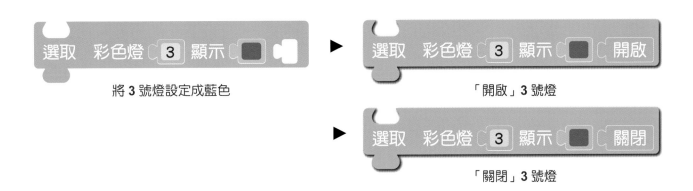

選取　彩色燈 3 顯示 ▣
將 3 號燈設定成藍色

▶ 選取　彩色燈 3 顯示 ▣ 開啟
「開啟」3 號燈

▶ 選取　彩色燈 3 顯示 ▣ 關閉
「關閉」3 號燈

 **LED 燈**

組合完成後，就按下 **PyCode** 程式畫面上方的「執行」按鈕來測試效果吧！

哇！成功了！不過，如果想要一次開 **2** 個燈、**3** 個燈的話，應該怎麼做呢？

我知道！我知道！一定是像拼圖一樣，把 **3** 個燈的方塊拼起來對不對，派奇？

就像莉莉說的一樣，小拍執行指令的順序是「由上而下」，會先執行上面的方塊，完成後再執行下一個方塊。

這 **3** 個方塊，其實是依照順序亮了 **1** 號燈、**2** 號燈、**3** 號燈；但小拍的動作非常快速，看起來就是 **3** 個燈同時亮囉！

因此，當我們想要一次開啟很多燈時，只要將彩色燈方塊拼接起來就可以了。

預測：我該怎麼 PyCode ？

　　接下來，讓我們和小波、莉莉一起想想看，同時點亮這 3 個燈之後，要怎麼做才能一次關掉 3 個燈。

 ## 莉莉的做法

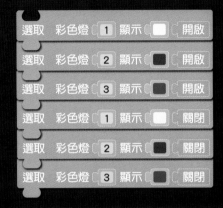

 ## 小波的做法

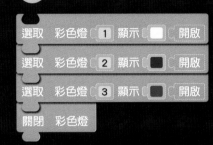

實驗：執行之後會如何？

小朋友，你認為誰的做法才對呢？讓我們看看派奇怎麼說：

> 你們的反應都很迅速，思考的方向也很正確喔！
>
> 莉莉的做法能夠關掉 1 ～ 3 號燈，小波使用的 關閉 彩色燈 方塊，則是能夠關掉全部亮著的彩色燈。
>
> 不過很可惜，兩個人都缺少了一個相同的步驟……你們要不要分別測試看看，按下 ▶ 執行 之後，目前的程式會產生什麼效果呢？

小波和莉莉都做了測試，卻發現兩人的燈光都沒有亮，難道小拍壞掉了嗎？

當我們在使用 PyCode 時，偶爾會遇到執行結果不如預期的狀況。這時，我們可以做一些小檢查來確認哪裡出了問題：

電腦與 PyCode 程式

是否正常運作？

小拍的指示燈

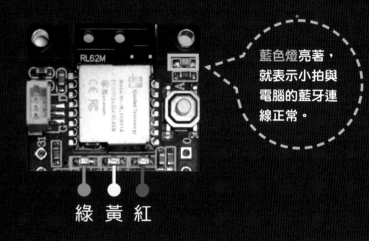

綠 黃 紅

藍色燈亮著，就表示小拍與電腦的藍牙連線正常。

是否顯示正確顏色？

小拍的電源燈亮著綠光、代表 PyCode 錯誤的紅燈沒有亮、電腦也可以正常運作，應該沒問題才對呀？

　　小波和莉莉確認沒有其他問題後，決定重新「執行」一次 PyCode。這次他們特別仔細觀察小拍的燈光，發現燈光很快地閃爍了一下，才剛剛亮起來，馬上就熄滅了！為什麼會這樣呢？

修正：提出新想法

　　原來，我們在思考的時候，會因為習慣或是經驗，自動將一些複雜的步驟省略。但小拍是電腦，電腦是「一個口令，一個動作」，只要指令沒有把過程完整地表達清楚，就難以做出我們所希望看見的效果。

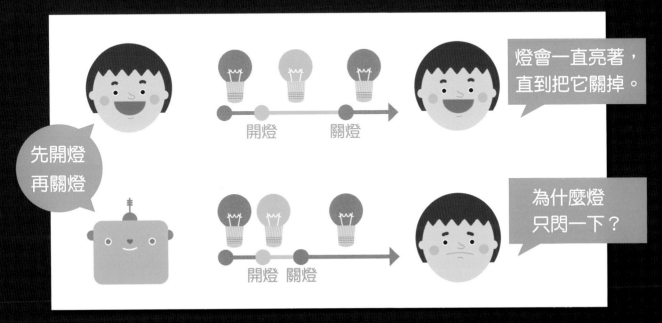

　　小朋友，讓我們和小波、莉莉一起想想看，究竟是少了什麼步驟，才導致小拍開燈之後就馬上關燈了呢？

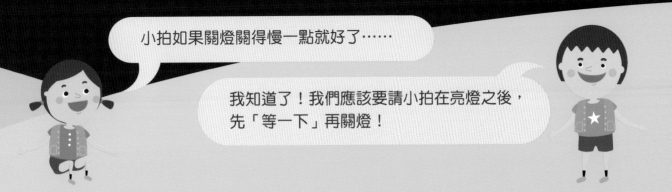

時間

如果想要讓小拍在執行指令的過程中「等一下」，那就要來認識「時間」功能中的「等待」方塊囉！

我們可以在 主機板 裡面的 時間 分類中找到它！

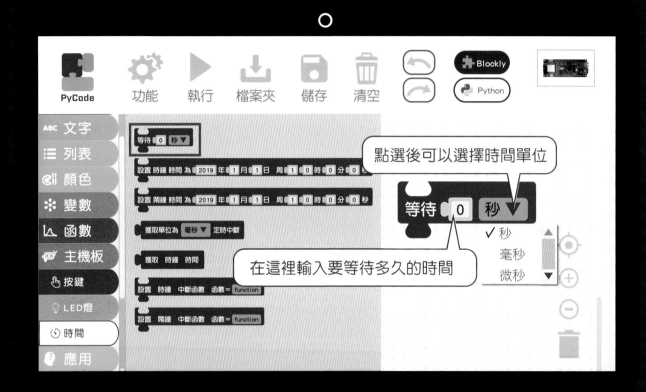

點選後可以選擇時間單位

在這裡輸入要等待多久的時間

小波原本的做法

修改後的做法

莉莉原本的做法

選取 彩色燈 1 顯示 ☐ 開啟
選取 彩色燈 2 顯示 ■ 開啟
選取 彩色燈 3 顯示 ■ 開啟
選取 彩色燈 1 顯示 ☐ 關閉
選取 彩色燈 2 顯示 ■ 關閉
選取 彩色燈 3 顯示 ■ 關閉

修改後的做法

選取 彩色燈 1 顯示 ☐ 開啟
選取 彩色燈 2 顯示 ■ 開啟
選取 彩色燈 3 顯示 ■ 開啟
等待 1 秒 ▼
選取 彩色燈 1 顯示 ☐ 關閉
選取 彩色燈 2 顯示 ■ 關閉
選取 彩色燈 3 顯示 ■ 關閉

⏱ 時間

等待 0 秒 ▼

這一次我們成功做出「先開燈，再關燈」的效果囉！

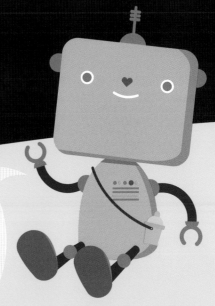

太棒了！現在你們已經學會用 **PyCode** 請小拍開燈、關燈的基本技巧了，只要再多認識幾個指令的用法，就能做出更多變的燈光效果囉！比方說……

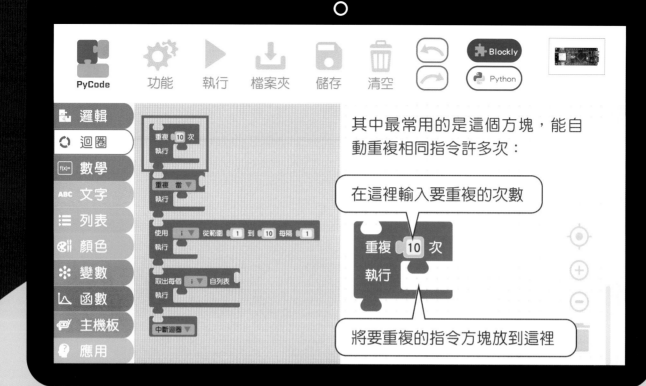

其中最常用的是這個方塊，能自動重複相同指令許多次：

在這裡輸入要重複的次數

將要重複的指令方塊放到這裡

哇！好方便！這個功能一定很適合用來做我想要的星星效果！

可是我覺得聽起來好複雜喔！派奇，我們什麼時候才會用到迴圈呢？

為了讓小波和莉莉都能熟悉迴圈的使用方法與時機，派奇提出了一個 **PyCode** 小挑戰，讓兄妹倆分別做做看。

小朋友，快和他們一起想想看，如果要讓這 **3** 個彩色燈亮起來，**1** 秒後，燈光關閉 **1** 秒，總共重複 **2** 次，該怎麼做呢？

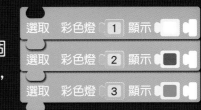

 莉莉的做法   **小波的做法**

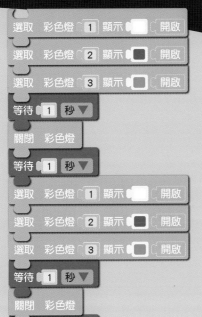

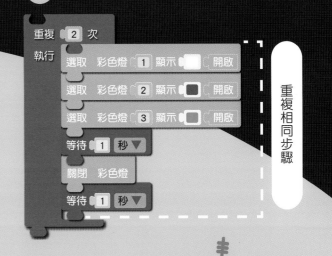

小朋友，你發現了嗎？莉莉的 **PyCode** 中，重複做了 **2** 次的方塊，小波使用迴圈後，只要改變數字就可以囉！是不是輕鬆許多呢？

迴圈

現在我懂了！學會迴圈功能之後，我就能輕鬆地讓營火的光線重複亮、暗變化！

莉莉，還沒呢！我們還不知道怎麼用 **PyCode** 來改變亮度呀！

改變亮度大小的指令方塊，一樣是在 💡 LED燈 的列表中：

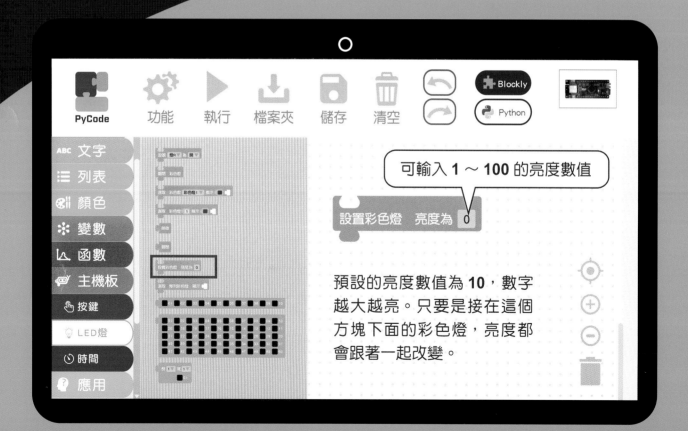

可輸入 **1 ～ 100** 的亮度數值

設置彩色燈 亮度為 0

預設的亮度數值為 **10**，數字越大越亮。只要是接在這個方塊下面的彩色燈，亮度都會跟著一起改變。

當我們在 **PyCode** 中使用亮度方塊改變了亮度之後，小拍就會認為接下來的彩色燈都是新的亮度。如果想要變回原本的亮度，就要再使用一次亮度方塊。舉例來說：

光線太強可能會使眼睛受傷，在調整亮度時要小心喔！

預設亮度 10

亮度 20

亮度 15

任務目標：重現小波和莉莉的露營回憶

小朋友，你認為營火、星星、螢火蟲的發光方式有什麼不同，又該怎麼用燈光表現出不同的效果呢？快來看看小波和莉莉打算怎麼做：

小波的露營回憶

：營火紅、黃、橘顏色輪流變化 **20** 次。

：每顆星星輪流亮起白色光，重複 **10** 次。

：**2** 隻螢火蟲緩緩亮起綠光，再緩緩暗去。

莉莉的露營回憶

：紅色的營火亮、暗變化 **20** 次。

：全部的星星輪流亮起五顏六色的光。

：全部的螢火蟲一起閃爍綠光 **3** 次。

點亮營火之夜

1. 確認任務目標：小波想讓燈光怎麼亮？

重複 20 次

營火　　　紅色　　1秒　　黃色　　1秒　　橘色　　1秒　　關

重複 10 次

星星　　　　關

1秒　　1秒　　1秒　　1秒

螢火蟲　　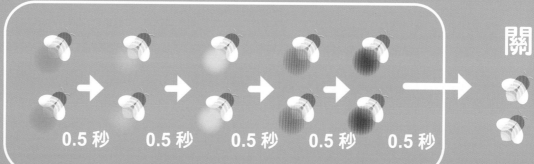

0.5秒　　0.5秒　　0.5秒　　0.5秒　　0.5秒　　關

小波的營火之夜

在露營當天夜晚，一家人圍著營火談天說地、觀賞周圍美景的回憶，都讓小波和莉莉念念不忘。小朋友，現在就和他們一起完成任務，點亮回憶中的營火之夜吧！

2. 達成目標的方式：

想一想，如何用 PyCode 達成目標？

要讓營火改變顏色，小波可以怎麼做？

◆ 確定了營火的 LED 燈為 1 號彩色燈之後，用彩色燈方塊，選擇紅色，設定開啟。

◆ 用等待方塊設定紅色光要亮多長的時間後，將它接在彩色燈方塊下方。

◆ 完成後，依照相同方式設定黃色、橘色光。

選取 彩色燈 1 顯示 開啟

選取 彩色燈 1 顯示 開啟
等待 1 秒 ▼

要做出星星輪流亮起的效果，小波可以怎麼做？

◆ 只要燈光按照順序「亮起又熄滅」，就能做出「輪流亮」的效果。因此，可以先做出第一顆星星開啟後關閉的組合。

◆ 接著，再用相同方式，依序完成剩下 3 顆星星的組合就可以了。

選取 彩色燈 6 顯示 開啟
等待 1 秒 ▼
選取 彩色燈 6 顯示 關閉

要讓改變螢火蟲的亮度，小波可以怎麼做？

使用亮度方塊，設定適當的數字，並將彩色燈方塊接在下方。

設置彩色燈 亮度為 20
選取 彩色燈 2 顯示 開啟

3. 進行實驗：按下 執行 ，確認燈光效果。 建議方案請參考第 52 頁

莉莉的營火之夜

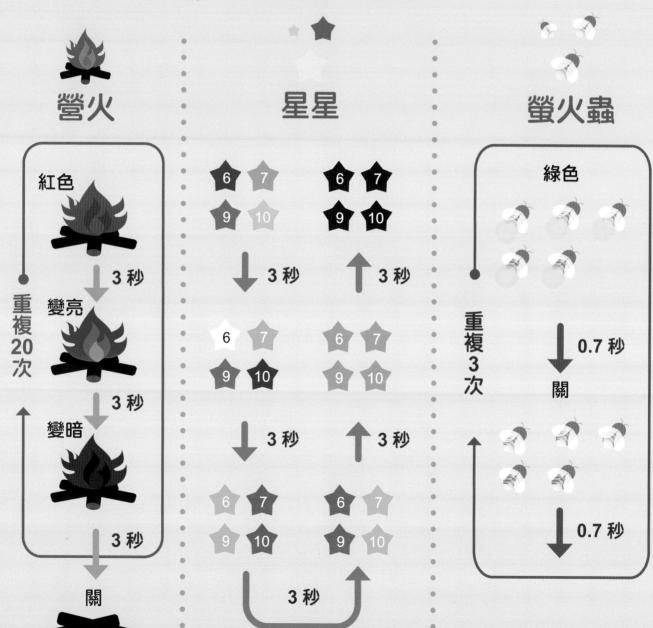

營火

紅色

重複 20 次

3 秒

變亮

3 秒

變暗

3 秒

關

星星

| 6 | 7 |
| 9 | 10 |

| 6 | 7 |
| 9 | 10 |

↓ 3 秒   ↑ 3 秒

| 6 | 7 |
| 9 | 10 |

| 6 | 7 |
| 9 | 10 |

↓ 3 秒   ↑ 3 秒

| 6 | 7 |
| 9 | 10 |

| 6 | 7 |
| 9 | 10 |

3 秒

螢火蟲

綠色

重複 3 次

0.7 秒

關

0.7 秒

50

2. 達成目標的方式：

想一想，如何用 PyCode 達成目標？

要讓營火的明暗變化重複 20 次，莉莉可以怎麼做？

◆ 先將燈光亮度「變化一次」的 **PyCode** 方塊組合好。

◆ 使用迴圈方塊，設定重複 20 次，並將要重複的部分放進右側組合起來。

星星最後會全部熄滅，莉莉可以怎麼做？

◆ 使用彩色燈方塊，將每個星星對應的 **LED** 燈設定為關閉。

◆ 或者，也可以使用「關閉彩色燈」方塊，同時關閉所有的彩色燈。

要做出螢火蟲閃爍的效果，莉莉可以怎麼做？

◆ 只要燈光快速地「亮一次 + 暗一次」，就能做出閃爍一次的效果。

◆ 將所有代表螢火蟲的 **LED** 燈都設定為開啟，選擇綠色，並用等待方塊分別設定開啟、關閉的時間長度。

3. 進行實驗： 按下 ，確認燈光效果。 建議方案請參考第 53 頁

小波的營火

重複 20 次
執行
　選取 彩色燈 1 顯示 ☐ 開啟
　　等待 1 秒 ▼
　　選取 彩色燈 1 顯示 ☐ 開啟
　　等待 1 秒 ▼
　　選取 彩色燈 1 顯示 ☐ 開啟
　　等待 1 秒 ▼
關閉 彩色燈

小波的星星

重複 10 次
執行
　選取 彩色燈 6 顯示 ☐ 開啟
　　等待 1 秒 ▼
　　選取 彩色燈 6 顯示 ☐ 關閉
　　選取 彩色燈 7 顯示 ☐ 開啟
　　等待 1 秒 ▼
　　選取 彩色燈 7 顯示 ☐ 關閉
　　選取 彩色燈 9 顯示 ☐ 開啟
　　等待 1 秒 ▼
　　選取 彩色燈 9 顯示 ☐ 關閉
　　選取 彩色燈 10 顯示 ☐ 開啟
　　等待 1 秒 ▼
　　選取 彩色燈 10 顯示 ☐ 關閉

小波的螢火蟲

選取 彩色燈 2 顯示 ☐ 開啟
選取 彩色燈 3 顯示 ☐ 開啟
等待 0.5 秒 ▼
設置彩色燈 亮度為 15
選取 彩色燈 2 顯示 ☐ 開啟
選取 彩色燈 3 顯示 ☐ 開啟
等待 0.5 秒 ▼
設置彩色燈 亮度為 30
選取 彩色燈 2 顯示 ☐ 開啟
選取 彩色燈 3 顯示 ☐ 開啟
等待 0.5 秒 ▼
設置彩色燈 亮度為 10
選取 彩色燈 2 顯示 ☐ 開啟
選取 彩色燈 3 顯示 ☐ 開啟
等待 0.5 秒 ▼
設置彩色燈 亮度為 5
選取 彩色燈 2 顯示 ☐ 開啟
選取 彩色燈 3 顯示 ☐ 開啟
等待 0.5 秒 ▼
關閉 彩色燈

莉莉的營火

```
重複 20 次
執行
    設置彩色燈 亮度為 5
    選取 彩色燈 1 顯示 ■ 開啟
    等待 3 秒 ▼
    設置彩色燈 亮度為 20
    選取 彩色燈 1 顯示 ■ 開啟
    等待 3 秒 ▼
    設置彩色燈 亮度為 15
    選取 彩色燈 1 顯示 ■ 開啟
    等待 3 秒 ▼

關閉 彩色燈
```

莉莉的螢火蟲

```
重複 3 次
執行
    選取 彩色燈 2 顯示 ■ 開啟
    選取 彩色燈 3 顯示 ■ 開啟
    選取 彩色燈 4 顯示 ■ 開啟
    選取 彩色燈 5 顯示 ■ 開啟
    選取 彩色燈 8 顯示 ■ 開啟
    等待 0.7 秒 ▼
    關閉 彩色燈
    等待 0.7 秒 ▼
```

莉莉的星星

```
選取 彩色燈 6 顯示 ■ 開啟
選取 彩色燈 7 顯示 ■ 開啟
選取 彩色燈 9 顯示 ■ 開啟
選取 彩色燈 10 顯示 ■ 開啟
等待 3 秒 ▼
選取 彩色燈 6 顯示 ■ 開啟
選取 彩色燈 7 顯示 ■ 開啟
選取 彩色燈 9 顯示 ■ 開啟
選取 彩色燈 10 顯示 ■ 開啟
等待 3 秒 ▼
選取 彩色燈 6 顯示 ■ 開啟
選取 彩色燈 7 顯示 ■ 開啟
選取 彩色燈 9 顯示 ■ 開啟
選取 彩色燈 10 顯示 ■ 開啟
等待 3 秒 ▼
選取 彩色燈 6 顯示 ■ 開啟
選取 彩色燈 7 顯示 ■ 開啟
選取 彩色燈 9 顯示 ■ 開啟
選取 彩色燈 10 顯示 ■ 開啟
等待 3 秒 ▼
選取 彩色燈 6 顯示 ■ 開啟
選取 彩色燈 7 顯示 ■ 開啟
選取 彩色燈 9 顯示 ■ 開啟
選取 彩色燈 10 顯示 ■ 開啟
等待 3 秒 ▼
關閉 彩色燈
```

趙宏仁 | 泫鉅科技總經理

掌握 AI 引領未來：AI Now, Leaders Tomorrow

　　"AI Education"──也就是所謂的 AI 教育──是培養孩子 AI 素養的第一步。「AI」指的是「人工智慧」科技，在現代社會中已不再是科幻故事，而是生活中不可或缺的日常光景。孩子們每天都會遇見 AI 科技產物，因此，學習如何思考，進而教電腦如同人類思維般運作，不只是未來世代必須掌握的核心技能，更是臺灣 108 課綱科技領域的主要目標之一。

　　正如蘋果公司創辦人賈伯斯（Steve Jobs）曾說：「每個人都應該學習電腦程式，因為它將教會你如何思考。」為了陪伴孩子做好準備，自信迎接 AI 時代，目川文化集結了科技、教育、出版三界資源，特地為莘莘學子打造了臺灣在地的 AI 教育品牌鏈：「AI Education」。

　　【AI 科學玩創意】系列產品，不僅參照國際 STEAM 教育「跨科目」及「動手實驗」的指導原則，務求讓孩子們體會「做中學」的樂趣，更以精心設計的生活化場景為引導，深入淺出地介紹 AI、自然與人文等跨領域知識，讓孩子能輕鬆、自在地從閱讀過程中汲取新知。

　　《小小光線設計師──快樂露營去》就藉由和生活息息相關的露營故事帶出實作任務，並透過自然原理、演算法的設計，以及充滿趣味的編程挑戰，循序漸進地引導孩子練習思考，進而找到屬於自己的最佳解法。除了能讓親子、師生從實作中學習，在樂趣中建構具象思維、厚植演算法實力之外，更能激發創造力，培養團隊的共創精神。

　　本人在此將【AI 科學玩創意】系列誠摯推薦給您，相信將帶給您與孩子全然不同的親子時光！讓我們一起帶領孩子認識 AI，讓孩子在國際數位舞臺上不缺席！

戴凱欣 ｜ 國立臺灣師範大學科技應用與人力資源發展學系助理教授

從生活觀察掌握編程邏輯

在第一次看到《小小光線設計師──快樂露營去》這本書時，我就感受到目川出版社對於臺灣程式教育的期待，更感受到編輯製作這本書的用心。

書中透過敘事帶出科學的知識點，以生活化的故事讓讀者隨著情境發想與學習，並融入探究學習──預測、觀察和解釋的要素，再加上動手實作，藉由實作任務統整所學知識，以「素養導向」的方式培養孩童科學探究的精神。

此外，《小小光線設計師──快樂露營去》的實作任務以露營為情境，讓孩子可以藉由扮演故事中的角色，從「推斷→測試→成功或修正」的嘗試過程逐步理解程式語言。這樣的練習過程可以幫助孩童學習找出問題、解決問題，並從經驗累積之中達到知識遷移的效果。我覺得以這樣的方式進行程式語言的教學，能讓孩子對於陌生的編程不會感到恐懼，且能夠培養孩子勇於嘗試的冒險精神。

108 課綱的科技領域，期望在問題解決及實作過程中培養學生「設計思考」與「運算思維」的知能，培養學生動手做以及邏輯思維能力。《小小光線設計師──快樂露營去》可以讓孩子藉由參數的改變，設計各式的光，提供孩子探索的機會。

還在煩惱如何跟您的寶貝一起動手做的您，不妨試著親子共讀《小小光線設計師──快樂露營去》，讓一閃一閃的燈光成為一個又一個孩子的夢想！

AI科學玩創意

獻給孩子和所有熱愛學習者的第一套生活科學程式書！

小小光線設計師

精彩實作，多種玩法
單組獨立，燈光主題

每套包含：
* 一本書
* 電子教具
* 手作教具

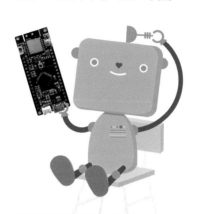

暗黑冒險家

城市奇遇記

神奇玩具店

露營好好玩

全套 4 組 360°立體大場景

《AI 科學玩創意》是一系列臺灣在地研發的編程啟蒙學習組合，透過充滿趣味的主題式知識書，搭配獨家設計的實作模組教學，旨在帶領讀者從日常生活出發，學習多元科技知識，建構嚴謹的編程思維，厚植新時代資訊力，發揮創意打造美好未來。

《快樂露營去》

小波一家人到戶外露營，遇到了好多會發光的事物。他能學會用燈光表現出類似的效果嗎？

* 臺灣黑熊與螢火蟲
* 認識星空
* 趣味編程

《停電驚魂記》

為什麼一早起床，窗外卻漆黑一片呢？而且，家裡突然停電了，電燈打不開！小波該怎麼辦呢？

* 太陽光與晝夜變化
* 日食與月食
* 趣味編程

《上街兜兜風》

小波全家開車出門兜風，他發現街道上也有好多會發光的事物！這些光源和太陽、月亮有什麼不同呢？

* 人造光源演進史
* 光影變化實驗
* 趣味編程

《玩具店也瘋狂》

今天是小波的生日，他在玩具店遇見了一個神奇的機器人……它竟然會說話！這是怎麼回事呢？

* 電腦發展史
* 什麼是程式語言？
* 趣味編程

節慶嘉年華

321~ 亮起來！

《節慶萬花筒》

爸爸、媽媽帶小波和莉莉到城裡逛節慶市集，這才發現原來世界上有這麼多不同的節慶文化！如果想要用燈光來營造節慶氣氛，他們應該怎麼做呢？

全彩印刷可愛聖誕樹造型
自由操控 12 顆閃亮彩色 LED 燈

一年有兩次聖誕節？
侯麗節：色彩狂歡日！
大年初七「撈魚生」
齋戒月是哪一個月？
不給糖，就搗蛋！
電腦的思考方式：演算法
趣味編程任務：點燈大計畫

LUNAR
NEW
YEAR

產品購買資訊

目川文化官方購物網
https://www.kidsworld123.com

58

就是愛出色

北歐風低調木質電子訊息板　豪華 LED 燈變化陣容
厚重質感木盒打造典雅精品　科技與自然融合之美

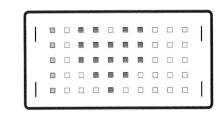

《生活調色盤》

小波到鄉下拜訪爺爺、奶奶，本來想出門去玩，卻突然下起了雨。他和莉莉會從雨後的彩虹發現什麼神奇的現象呢？

* 光與顏色
* 折射與反射實驗
* 調色大師：伊登 12 色環
* 顯示技術發展史

《小小色彩藝術家》

爺爺帶小波和莉莉去參觀一座十分獨特的美術館，裡頭不只有機器人擔任導覽員，還有會分辨人類表情的電腦。這是怎麼回事呢？

* 電腦視覺與辨識技術
* RFID 是什麼？
* 演算法
* 趣味編程

更多趣味主題即將上市，敬請期待！

我們都在
AI科學玩創意
等你一起玩 AI 喔！

產品購買資訊

目川文化官方購物網
https://www.kidsworld123.com

AI 科學玩創意

小小光線設計師──快樂露營去

AI 科學系列：AISA0002

作　　者：王一雅、顏嘉成

繪　　者：張芸荃

責任編輯：王一雅

美術設計：張芸荃、涂敀俙

策　　劃：目川文化編輯小組

審　　稿：戴凱欣

科技顧問：趙宏仁

程式審稿：吳奇峯

教學顧問：翁慧綺

出版發行：目川文化數位股份有限公司

總 經 理：陳世芳

總 編 輯：林筱恬

美術指導：巫武茂

發行業務：劉曉珍

法律顧問：元大法律事務所　黃俊雄律師

地　　址：桃園市中壢區文發路 365 號 13 樓

電　　話：(03) 287-1448

傳　　真：(03) 287-0486

電子信箱：service@kidsworld123.com

網路商店：www.kidsworld123.com

粉絲專頁：FB「悅讀森林的故事花園」

電子教具：泓鉅科技股份有限公司

印刷製版：長榮彩色印刷有限公司

總 經 銷：聯合發行股份有限公司

電　　話：(02) 2917-8022

出版日期：2021 年 12 月

I S B N：978-626-95460-0-8

書　　號：AISA0002

售　　價：450 元

小小光線設計師之快樂露營去 / 王一雅，顏嘉成作；張芸荃繪
. -- 桃園市：目川文化數位股份有限公司，2021.12

60 面；22x23 公分 . -- (AI 科學玩創意)(AI 科學系列；
AISA0002)

ISBN 978-626-95460-0-8(平裝)

1. 電腦教育 2. 電腦程式語言 3. 初等教育

523.38　　　　　　　　　　　　　　　　　110020292